Caderno de atividades

NOME: _____

TURMA: _____

ESCOLA: _____

Sumário

Lugares do dia a dia 3
O campo 8
A localização 10
A paisagem 13
A transformação da paisagem 21
O lixo 34
A poluição nas cidades 40

Ilustrações: Alan Carlos Barbosa, Daniel de Paula Elias, Francis Yoshida de Mattos, José Ângelo Góes Mattei Júnior, José Segura Garcia Junior, Luciano Costa de Oliveira, Marcelo de Almeida, Marcos Diego dos Santos, Mateus Galhardo Grizante, Mouses Sagiorato Prado, Paulo Sérgio Fritoli.

Atividades: Material originalmente publicado por Sistema de Ensino Ético.

Lugares do dia a dia

1. Leia este poema para responder às questões.

Paraíso

Se esta rua fosse minha,
Eu mandava ladrilhar,
Não para automóvel matar gente,
Mas para criança brincar.

Se esta mata fosse minha,
Eu não deixava derrubar.
Se cortarem todas as árvores,
Onde é que os pássaros vão morar?

Se este rio fosse meu,
Eu não deixava poluir.
Joguem esgotos noutra parte
Que os peixes moram aqui.

Se este mundo fosse meu,
Eu fazia tantas mudanças
Que ele seria um paraíso
De bichos, plantas e crianças.

José Paulo Paes. *Poemas para brincar.*
São Paulo: Ática, 2011.

Ladrilhar: cobrir com ladrilho (peça de cerâmica quadrada ou retangular para cobrir pisos e paredes).

a) Esse poema de José Paulo Paes lembrou a você algum outro texto? Qual?

_____

_____

b) Para que o narrador do poema "Paraíso" quer mandar ladrilhar a rua?

_____

_____

2. Vamos conversar sobre como é viver na cidade, quem deve cuidar desse espaço e como podemos ajudar a torná-lo um lugar melhor para se viver. Que tal começarmos com um momento agradável retratado no texto "Jabuticabeira"?

Jabuticabeira

Em todas as ruas e praças
do mundo
deveria ser obrigatória
a presença de uma jabuticabeira.
À sua sombra, homens e mulheres,
crianças, gatos e cachorros,
jovens e velhos apaixonados,
só fabricariam pensamento
de paz.
Então, as jabuticabas, com seu mel,
escreveriam um novo tempo
na Terra.

Roseana Murray. *Rios da alegria*.
São Paulo: Moderna, 2005. p. 21.

a) A poeta afirma que a presença de uma jabuticabeira deveria ser obrigatória nas ruas e nas praças. Ela defende esse ponto de vista por acreditar que isso é bom para as pessoas. Transcreva o trecho do poema que comprova isso.

_____
_____
_____
_____

b) O trecho que você transcreveu descreve uma situação de convivência entre as pessoas e a natureza. Circule no quadro abaixo os nomes das sensações que a cena descrita pode nos despertar.

| TRANQUILIDADE | CONFLITO | PAZ |
| INQUIETUDE | HARMONIA | SOLIDÃO | BEM-ESTAR |

c) No poema, o lugar à sombra de uma jabuticabeira é usado como um lugar de convívio, descanso e lazer. Em sua cidade, há lugares onde as pessoas possam se divertir, praticar esportes ou descansar? Para responder, assinale os espaços que há em sua cidade.

3. Observe a conversa entre as meninas.

a) De acordo com a situação retratada no desenho, o que torna o passeio das meninas ainda mais agradável?

_____

_____

_____

4. As ruas e avenidas das cidades devem ser arborizadas?

☐ Sim ☐ Não

5. A exemplo do que acontece no desenho acima e do que é apresentado no poema "Jabuticabeira", o fato de uma cidade ser arborizada, contribui com a preservação da natureza? Por quê?

_____

_____

_____

6. Considere o bairro onde está a escola para responder às perguntas.

   a) Qual é o nome do bairro?

   _____

   _____

   b) Nesse bairro, há mais:

   ☐ indústrias   ☐ estabelecimentos comerciais   ☐ casas

   c) Circule o que existe nesse bairro.

O campo

7. Leia o texto.

Acampar

có có có córó có có córó có
có có có córó có có córó

Acampar,
ficar pertinho da terra,
có có có córó có có córó có

Acampar,
botar o pé no rio e sentir o cheiro do mato.
Olhar pro chão, encontrar formiga, deixar o sol esquentar minha barriga.
có có có córó có có córó có

Acampar,
tomar banho de cachoeira
e à noite tocar violão em volta da fogueira
Estrelas no céu... sapo na lagoa... vaga-lume dançando... mariposa namorando...
junto com a fumaça da fogueira vai subindo pro céu a nossa brincadeira...

E quando bate o sono...
entrar na barraca, entrar no saco de dormir, e deitar as costas na terra.

Acampar,
deitar pertinho da terra
terra tão querida, onde dorme a semente, onde nasce a comida

có có có córó có có córó có
có có có córó có có có ró

Acampar, de Hélio Ziskind, 2000.
Do CD *O Gigante da Floresta*.
Distibuidora: MCD (CD).

a) O texto mostra uma atividade que é realizada em uma das áreas do município. Assinale que lugar é esse.

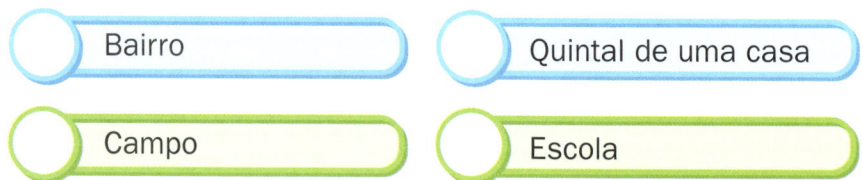

Bairro   Quintal de uma casa

Campo   Escola

b) Retire do texto as palavras que caracterizam esse lugar.

_____
_____
_____
_____
_____
_____
_____
_____

c) Leia este trecho da canção.

> "terra tão querida, onde dorme a semente, onde nasce a comida"

Esse trecho mostra uma outra atividade que o ser humano pode realizar nesse espaço, além de acampar. Que atividade é essa?

_____

d) No texto, aparece o canto de um animal que pode ser criado nesse espaço. Que animal é?

_____

8. Sublinhe no texto os nomes dos elementos que caracterizam o campo.

> No campo, podemos encontrar grandes áreas usadas para plantações ou para a criação de animais. Pode haver ainda áreas de mata nativa e áreas reflorestadas e até indústrias. As construções são poucas e, na maioria das vezes, encontram-se distantes umas das outras. As vias de circulação que existem nesse espaço são, em geral, sem calçamento.

A localização

9. Leia o texto.

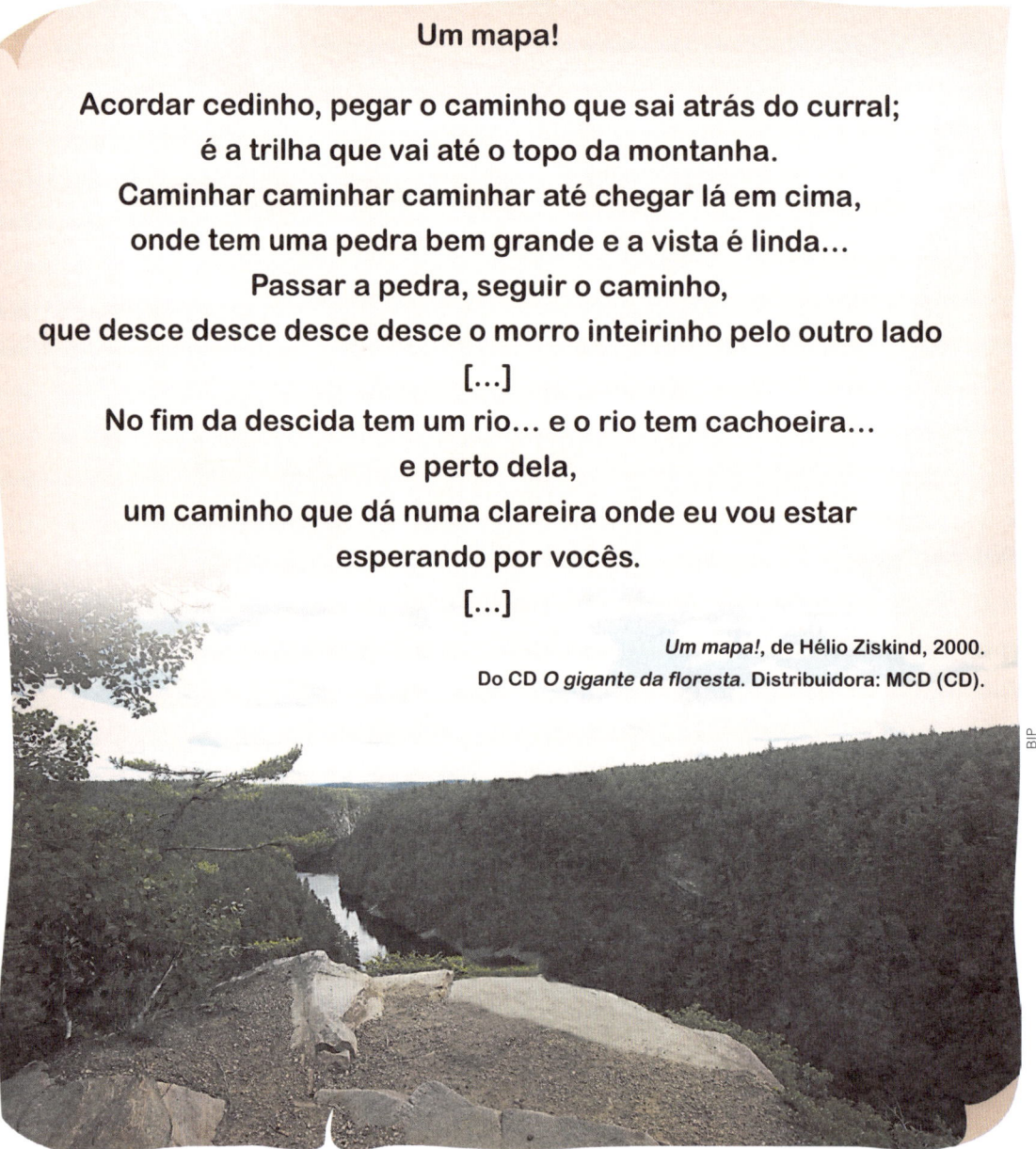

Um mapa!

Acordar cedinho, pegar o caminho que sai atrás do curral;
é a trilha que vai até o topo da montanha.
Caminhar caminhar caminhar até chegar lá em cima,
onde tem uma pedra bem grande e a vista é linda...
Passar a pedra, seguir o caminho,
que desce desce desce desce o morro inteirinho pelo outro lado
[...]
No fim da descida tem um rio... e o rio tem cachoeira...
e perto dela,
um caminho que dá numa clareira onde eu vou estar
esperando por vocês.
[...]

Um mapa!, de Hélio Ziskind, 2000.
Do CD *O gigante da floresta*. Distribuidora: MCD (CD).

■ Para chegar ao topo da montanha e descê-la, a letra da canção vai indicando alguns lugares que servem de referência e indicam o caminho por onde se deve passar. Que lugares são esses?

10. Observe esta cena.

a) Onde estão Marina e sua avó?

b) Para onde elas estão indo?

c) Informações como as da resposta anterior ajudam as pessoas a:

☐ se orientar.   ☐ se localizar.

d) Justifique a sua resposta.

_____
_____
_____
_____
_____

e) A imagem ilustra uma situação cotidiana que envolve as noções de localização e orientação. O que a placa de sinalização está indicando?

_____
_____
_____
_____
_____

f) Na antiguidade, os viajantes se orientavam pelas estrelas e pelo Sol. Tempos depois foi criado um instrumento que permitia aos navegantes se orientar quando não era possível ver o Sol ou as estrelas. Que instrumento é esse?

_____
_____

A paisagem

11. Observe esta obra de arte.

Vegetação na barranca de Tuzampan, de Johann Moritz Rugendas, 1831. Pintura a óleo.

a) Quais elementos naturais você consegue perceber na paisagem da obra?

_____

_____

b) Nessa paisagem existem elementos construídos pelos seres humanos?

☐ Sim   ☐ Não

c) Quais são as cores que aparecem no quadro?

_____

_____

13

12. Passatempo: vamos achar os sete erros nesta paisagem?

13. Leia o texto e as falas da Marina.

Marina viajou para os lugares mais frios do nosso planeta! No Polo Norte e no Polo Sul faz muito frio o ano todo. Mesmo assim, algumas plantas conseguem crescer na época do verão (quando é um pouquinho menos frio) e muitos animais vivem por lá.

Polo Norte.

Polo Sul.

■ Complete a frase.

O urso-polar vive no _____, enquanto os pinguins só vivem no _____.

14. Leia os textos abaixo e complete as frases com as palavras do quadro.

> Polo Norte   frio   neve   montanhas

a) As florestas de pinheiros visitadas pela Ana ficam perto do _____ e por isso lá também faz muito _____.

b) Keiko fez uma viagem escalando _____ cobertas pela _____. Lá no alto, é um deserto gelado! Nas florestas próximas dessas montanhas vive o urso-panda.

15. Leia os textos.

a) Vítor conheceu os desertos, onde faz calor o ano todo. Nesses desertos vivem poucos animais, como o camelo, e as plantas não conseguem sobreviver, pois, além de fazer muito calor, lá quase não existe água.

b) Francisco viajou e viu paisagens cheias de vida, com grandes árvores, flores coloridas e animais barulhentos, como araras e macacos.

c) Lucas visitou a maior floresta do mundo. Ela é muito importante pela quantidade de seres vivos que moram por lá. A maior parte dessa incrível floresta fica no Brasil.

■ Escreva a letra que corresponde a cada paisagem descrita.

☐ Deserto ☐ Ilhas ☐ Oceano

☐ Polo Sul ☐ Floresta Amazônica

16. Leia com atenção as frases a seguir e complete-as com o nome do lugar onde o animal vive.

a) O urso-branco vive no _____, onde se alimenta de focas e peixes.

b) Os camelos e os cactos são alguns dos poucos seres vivos que conseguem sobreviver no _____.

c) Os macacos pulam de galho em galho nas árvores das _____.

17. Você viu como é incrível a variedade de paisagens que encontramos na Terra? Existem plantas e animais adaptados a viver em cada um desses lugares, mas parece que alguns estão perdidos! Faça um círculo nos animais que estão fora do seu ambiente natural.

18. Pinte a frase verdadeira sobre a paisagem da foto abaixo.

Há somente elementos naturais e culturais nesta paisagem.

Há elementos humanos ou culturais nesta paisagem.

Há somente elementos naturais nesta paisagem.

Há somente elementos naturais e humanos nesta paisagem.

A transformação da paisagem

19. Leia o texto abaixo com atenção. Depois, complete o texto com as palavras que estão no quadro.

> permanece   ser   humano   paisagens
> ação   transformada   modificações

Podemos distinguir dois tipos de _____.

As paisagens que não sofreram a _____ do ser humano e as paisagens em que podemos perceber claramente a ação do _____.

Na paisagem onde não se observa a ação do ser humano, o ambiente _____ praticamente igual a quando foi formado. Essa é a paisagem natural.

A paisagem em que o ser humano fez _____, como, por exemplo, construções de casas, edifícios, ruas asfaltadas e postes de iluminação, é chamada de paisagem _____.

20. Circule, com lápis azul, a fotografia que apresenta uma paisagem natural e, com vermelho, a que apresenta uma paisagem modificada pela ação humana.

Município de São Paulo, SP.

Polo Norte.

21. A cidade é um espaço que surgiu com a ação humana transformando a paisagem. Veja como essa transformação ocorreu na rua do Rio das Velhas.

Rua do Rio das Velhas

Antigamente, a cidade era cortada por um rio cujo nome se perdeu no tempo. Suas águas eram limpas e corriam em grande volume. Nelas navegavam barcos e canoas.

Com o progresso, vieram os inconvenientes de se ter um curso de água em pleno centro urbano. As pessoas, por mais instruídas que fossem, sempre atiravam alguma coisa no rio. A poluição foi tanta, que a administração resolveu tomar providências.

Então o rio foi canalizado e transformado numa rua moderna, larga e muito bem pavimentada.

Todos ficaram contentes, menos as antigas moradoras da cidade. Elas não puderam mais ir para aquelas margens onde, todas as manhãs, lavavam roupas, banhavam os pés e molhavam os cabelos.

Hoje, quase sempre, quem passa por lá pode ver, no meio da rua, bem ali onde passava o rio, mulheres velhas chorando de saudades, querendo trazer de volta os antigos reflexos de seu rosto, agora presos sob o asfalto.

Maria Angela Resende. *Histórias de ruas*. Belo Horizonte: Formato, 2001. p. 22.

a) No texto, a autora fala sobre a mudança ocorrida em uma rua com o crescimento da cidade. Que mudança foi essa?

b) Por que essa mudança foi necessária?

c) Por que todos ficaram contentes, menos as antigas moradoras da cidade?

22. Muitas vezes, as transformações feitas pelo ser humano em uma paisagem ocorrem de maneira desordenada, causando a destruição dos elementos naturais. Observe as fotografias. Elas mostram dois trechos da Floresta Amazônica.

Município de Itaúba, no estado do Mato Grosso, 2006.

Município de Oximira, no estado do Pará, 2014.

a) O que você observa na primeira fotografia?

b) O que você observa na segunda?

23. Observe as paisagens transformadas pelo ser humano e numere a causa da transformação.

1. Construção de prédios e casas.
2. Agricultura.
3. Indústrias.

24. Para entender melhor o que acontece quando um elemento da natureza desaparece de uma paisagem, acompanhe as imagens a seguir. Elas retratam diferentes momentos do mesmo lugar.

■ Depois de observar as situações apresentadas, preencha a tabela, marcando com um **X** as características presentes em cada paisagem.

	Mata	Riacho	Animais	Ser humano	Casa
Situação 1					
Situação 2					
Situação 3					
Situação 4					

25. A vegetação às margens de um rio tem um papel muito importante para ele e para tudo o que se encontra ao seu redor. Complete o texto a seguir com as palavras que estão no quadro e descubra quanto a vegetação é importante em qualquer paisagem.

> transpiração   agradável   rio
> absorve   umidade   ciliar

A vegetação _____ parte da água da chuva. As plantas das margens do rio, chamadas de mata _____ (como os cílios que protegem nossos olhos), protegem o curso do _____, evitando enchentes.

As plantas transpiram. A _____ das plantas ajuda a ocorrer mais chuva. Chovendo mais, há mais _____ no ar. Com isso, a temperatura torna-se mais _____.

26. Nós sabemos como é importante cuidar bem da nossa cidade, da nossa escola, da nossa rua, da casa onde moramos.

■ Observe a ilustração e leia as falas do menino e das meninas.

a) O que o menino pergunta às meninas?

b) O que as meninas vão fazer na escola?

c) Qual sua opinião sobre a atitude das meninas?

d) Qual é o convite que uma das meninas faz para os meninos?

27. Como o ser humano se relaciona com a natureza? Vamos pensar um pouco sobre o que podemos fazer para preservá-la.

Que tal começarmos com a "Lição do dia"?

Lição do dia

Cuidar da vida
como quem cuida
de uma casa
de um jardim
de uma paisagem
de um bicho
de um filho
de um corpo
de um sonho
de um amigo
de um amor

Cuidar do mundo
como quem cuida
da própria vida.

Ricardo Azevedo.
Ninguém sabe o que é um poema.
São Paulo: Ática, 2005. P. 36.

a) O poema diz que é preciso cuidar do mundo como quem cuida da própria vida. Você concorda com essa ideia? Por quê?

b) No poema, é apresentada uma lista de elementos dos quais devemos cuidar em nosso dia a dia. O que você acrescentaria a essa lista?

28. Muitos elementos da natureza são tão presentes em nosso dia a dia que não nos damos conta deles, não é? Que tal prestarmos mais atenção a esses elementos? Para isso, decifre as charadinhas, marcando um **X** na resposta correta.

a) Esse elemento da natureza é usado para fazer móveis e em construções. As canoas também são feitas com ele. Com esse material, são feitos até o lápis e o papel que usamos.

☐ ferro   ☐ cipó   ☐ madeira

b) Esse elemento retirado de uma árvore chamada seringueira pode ser encontrado, por exemplo, na sola dos tênis, nos pneus e no material escolar que você usa para apagar o que escreveu.

☐ mogno   ☐ borracha   ☐ castanheira

c) Os índios utilizam esse elemento da natureza para preparar remédios.

☐ mel   ☐ planta medicinal   ☐ animal

d) É um alimento muito saudável, encontrado nos rios e nos mares. Pode ser apanhado com vara ou rede.

☐ peixe   ☐ pinguim   ☐ baleia

29. Agora que vocês descobriram alguns dos elementos vindos da natureza presentes em nossa vida, respondam:

a) Seria possível viver, por exemplo, sem as plantas e sem os animais? Por quê?

_____

_____

b) Se os elementos que a natureza nos oferece desaparecessem, o que aconteceria?

_____

30. Observe o desenho ao lado. Esse desenho humorístico recebe o nome de **charge**. Nela, o chargista procura criticar algum acontecimento.

Agora, responda às seguintes questões.

a) A expressão "Uéh!!" expressa:

☐ surpresa   ☐ alegria

☐ dúvida   ☐ espanto

b) Quando o motorista diz: "Uéh!! Cadê o mato??", a que mato ele se refere?

_____
_____
_____
_____

c) Ao observarmos a charge podemos perceber que a palavra "mato" tem também outro significado. Explique.

_____
_____
_____
_____

d) Na sua opinião, a quem é dirigida a charge?

_____
_____
_____

O lixo

31. Será que temos lugar para todo o lixo que produzimos? Vamos pensar em alternativas para muitos materiais que acabam indo para o lixo, mas que podem ter outro destino, como mostra a letra desta música.

Ratinho: rap do reciclar

Uma cesta é muito bom,
Quatro cestas é melhor.
Uma lata quando fica
toda torta, velha, amassada,
tá pedindo...

— Ah! Eu quero a minha cesta,
Quero voltar pra minha cesta,
me joga lá vai!
Ah Ah, nasci de novo!

Cesto fantástico,
vire cartola.
Faça o plástico
virar bola.
Abracadabra,
carrapato, carambola vai...
e vira bola e vira pato e
vira carro hum, hum.
Num papel eu desenhei.
Eu olhei e não gostei.
Mandei pra cesta
o meu papel
Hum, hum...
sabe o que aconteceu?
Ele rodou, virou, dobrou,
dobrou e foi pro céu.

Era uma vez,
um vidro verde
um rato azul malabarista,
girando garrafa
com panca de artista.

De repente surgiu
uma cara de palhaço
teve gente que aplaudiu
eu vi garrafa no espaço...
O palhaço abriu a boca
mastigou, mastigou,
mastigou e cuspiu
tin, tin, tin, tin,
três copos cantando em trio.

Cantando o quê?
Cantando o rap do Re,
o rap do Ci,
o rap do Clar.

Lata, plástico, papel e vidro,
vão reciclar, é pra acabar.
Vou repetir mais uma vez,
você limpa bem o seu ouvido:
lata, plástico, papel e vidro
cada um tem uma cesta especial.
Tá bom, não falo mais, tchau!

Ratinho: rap do reciclar, de Hélio Ziskind, 1997.
Distribuidora: MCD (CD).

Leia o texto e responda.

a) Por que "uma cesta é muito bom", mas "quatro cestas é melhor"?

_____
_____
_____
_____
_____
_____
_____

b) No texto, são apontados quatro materiais que geralmente descartamos, mas que podem ser reaproveitados ou reciclados. Quais são eles?

c) De acordo com o texto, em que esses materiais são transformados?

32. Os lixões ainda são o destino do lixo em muitos lugares. O material acumulado nesses terrenos causa a poluição do solo e da água, além de produzir um cheiro desagradável.

- Que alternativas poderiam ser adotadas para reduzir a quantidade de lixo e evitar os lixões?

_____
_____
_____
_____

33. O que é um lixão? Para descobrir o que é e saber os problemas que ele gera para o ser humano e o meio ambiente, complete os textos da página seguinte com as palavras e expressões do quadro abaixo.

líquido	alimentos	adubo	água	doenças
poluindo	metade	lixo	a céu aberto	

37

Os lixões são espaços onde o lixo que produzimos é jogado _____ _____, sem nenhum tratamento. Aproximadamente a _____ desse lixo é composta de restos de _____, que é o lixo orgânico. O lixo orgânico pode ser transformado em _____.

O _____ jogado nos lixões atrai animais e insetos, como ratos, mosquitos, moscas e baratas, que são transmissores de _____.

Com o passar do tempo, o lixo vai se desmanchando, formando um _____ grosso e de cheiro forte, chamado chorume. O chorume entra no solo, _____ os reservatórios de _____ que há embaixo da terra.

34. Vamos descobrir outros destinos do lixo? É só escolher uma das palavras dos parênteses e completar o texto a seguir.

Existem outros _____ (destinos/poluidores) que podem ser dados ao lixo. Em algumas cidades há **aterros sanitários** e **incineradores**. O aterro parece oferecer menos perigo ao _____ (ambiente/animal) e ao _____ (ser humano/inseto) do que o lixão, pois no aterro o lixo é compactado e coberto com _____ (terra/pó), não atraindo _____ (animais/estrelas) e _____ (insetos/flores) transmissores de doenças. Um sério problema é que, quando o aterro já está _____ (cheio/cansado) de lixo, é preciso fazer outro para mais lixo.

Os incineradores são responsáveis pela _____ (queima/festa) do lixo, reduzindo seu volume. É, no entanto, um processo muito _____ (caro/fofo) em comparação com os outros e, se o incinerador não passar por _____ (manutenções/exercícios) constantes e não possuir filtros especiais, a fumaça e os _____ (gases/astros) originados na queima do lixo poderão ser grandes _____ (poluidores/amigos) do ar.

Aterro sanitário

Incinerador

A poluição nas cidades

35. Leia o texto.

[...]
Na cidade grande também não se respira em paz.
Fumaça negra no trânsito e nas chaminés.
E meu olho agora lê nova cartilha:
Vovó NÃO viu a uva
Ivo NÃO vê o ovo.
Aprendo um terrível vocabulário novo:
monóxido de carbono, efeito estufa, **poluição**,
chuva ácida, queimada, não solte balão,
mortandade, lixo atômico, destruição.

Poluição: ato de poluir, isto é, sujar, destruir ou estragar um meio natural.

Angela Carneiro. *Meu olho é um planeta*. Rio de Janeiro: J. Olympio.

a) O texto diz que não se respira em paz na cidade grande. De acordo com o texto, por que isso ocorre?

_____
_____
_____
_____

b) Segundo o texto, na cidade grande, a vovó não vê mais a uva e o Ivo não vê mais o ovo. Isso acontece porque:

☐ o ar é poluído por partículas suspensas que dificultam a visibilidade.

☐ vovô e vovó estavam sem óculos.

☐ existem muitos prédios.

c) A poeta revela que está aprendendo um vocabulário novo na cidade grande. Qual é o vocabulário que a poeta está aprendendo?

_____
_____
_____
_____

d) Escreva o vocabulário que é novo também para você.

_____
_____
_____
_____

36. Vamos tentar descobrir o que todos esses termos e palavras novas significam, completando os espaços a seguir.

a) Nome de um gás que causa a poluição do ar e problemas de saúde. Ele é eliminado por caminhões, ônibus e carros.

| M | | | X | | | | D | | | | B | | O |

b) Lixo produzido em usinas nucleares. Não pode ser reutilizado, pois contém elementos muito perigosos para os seres vivos.

| L | | | | | | T | | | I | | | |

c) Queima da vegetação geralmente com o fim de preparar o terreno para semear ou para limpá-lo. Pode ser também floresta ou campo que se incendeia por acaso ou de propósito.

| Q | | | | M | | | |

d) Aumento da temperatura da Terra.

| | F | | I | | | | S | | | F | |

e) Chuva contaminada por elementos que poluem o ar.

| C | | | V | | | Á | | | D | |

f) Grande número de mortes em determinado período.

| | | | T | | N | | | D | |

37. Algumas formas de poluição têm suas origens relacionadas a ações humanas. Agora vamos exemplificar a grande dimensão que os pequenos atos humanos, somados, podem atingir.

a) Faça uma leitura atenta.
b) Grife o texto, de acordo com as legendas.

Poluição atmosférica é o que já estudamos como poluição do ar.

Como já vimos, a grande causadora desse tipo de poluição é a queima dos combustíveis nos veículos, de carvão e petróleo nas indústrias e de lixos domésticos e industriais em depósitos de lixo. A poluição do ar também pode ter como causas a aplicação de agrotóxicos nas lavouras e a queima de matas, pastagens e lavouras.

Os gases gerados por essas ações ficam no ar, poluindo-o e provocando muitas doenças, principalmente respiratórias. Quando chove, muitos desses poluentes voltam para a superfície, podendo poluir também as águas dos rios e dos mares e o solo. Além disso, alguns desses gases, em contato com as nuvens, formam ácidos que caem em forma de chuva ácida, que pode destruir plantas e causar danos a vários tipos de materiais usados em construções, monumentos etc.

— O que é poluição atmosférica
— As causas da poluição atmosférica
— As consequências da poluição atmosférica

43

38. Leia o texto.

> ESTE NÃO PODE SER O MEU MUNDO...

O ser humano gera vários tipos de poluição. Suas ações podem poluir o **ar**, a **água** e o **solo**. Além desses, há também outros tipos de poluição que pioram as condições de vida das pessoas que moram nas cidades: a poluição **sonora** e a **visual**.

■ Escreva quais são os tipos de poluição apresentados nas fotografias.

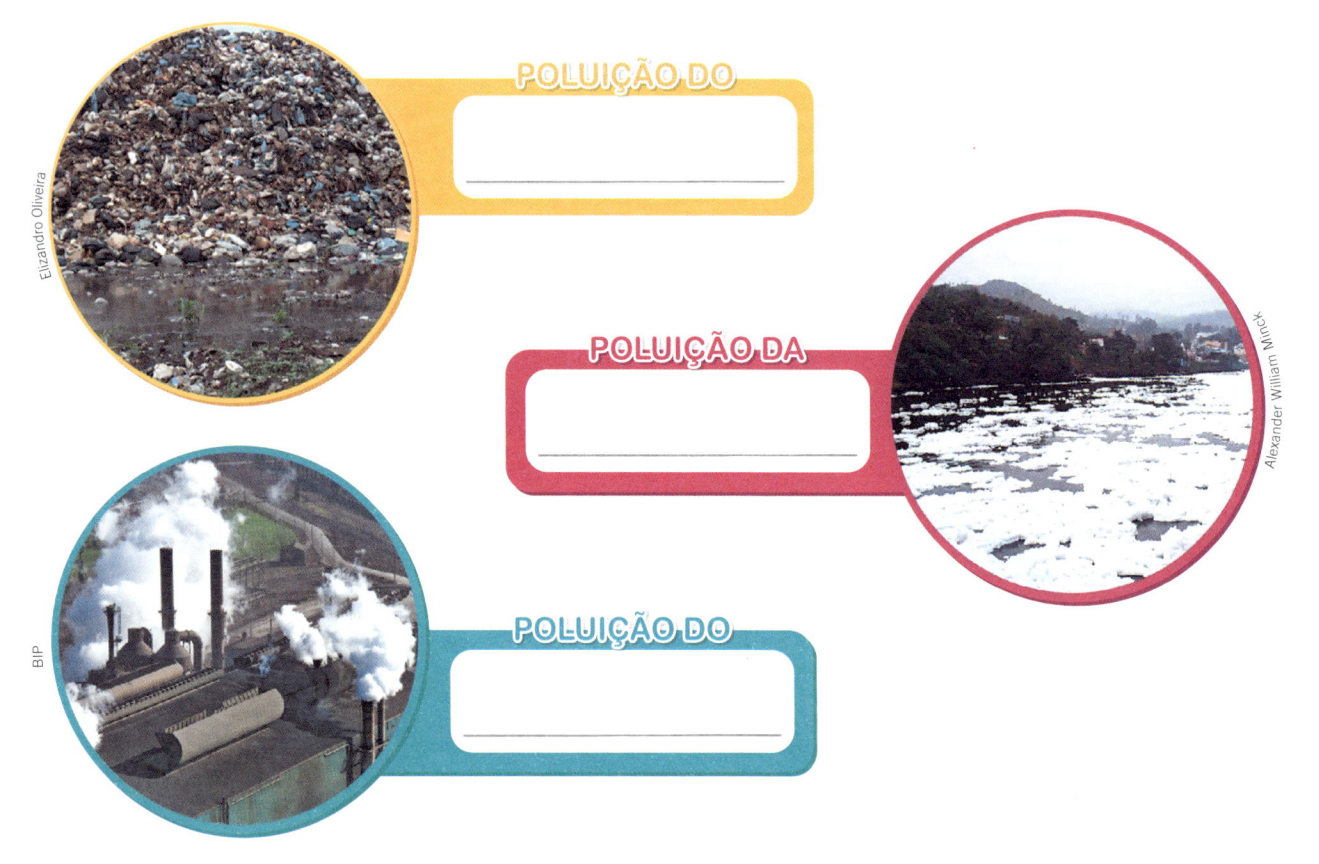

POLUIÇÃO DO _____

POLUIÇÃO DA _____

POLUIÇÃO DO _____

POLUIÇÃO

_____

POLUIÇÃO

_____

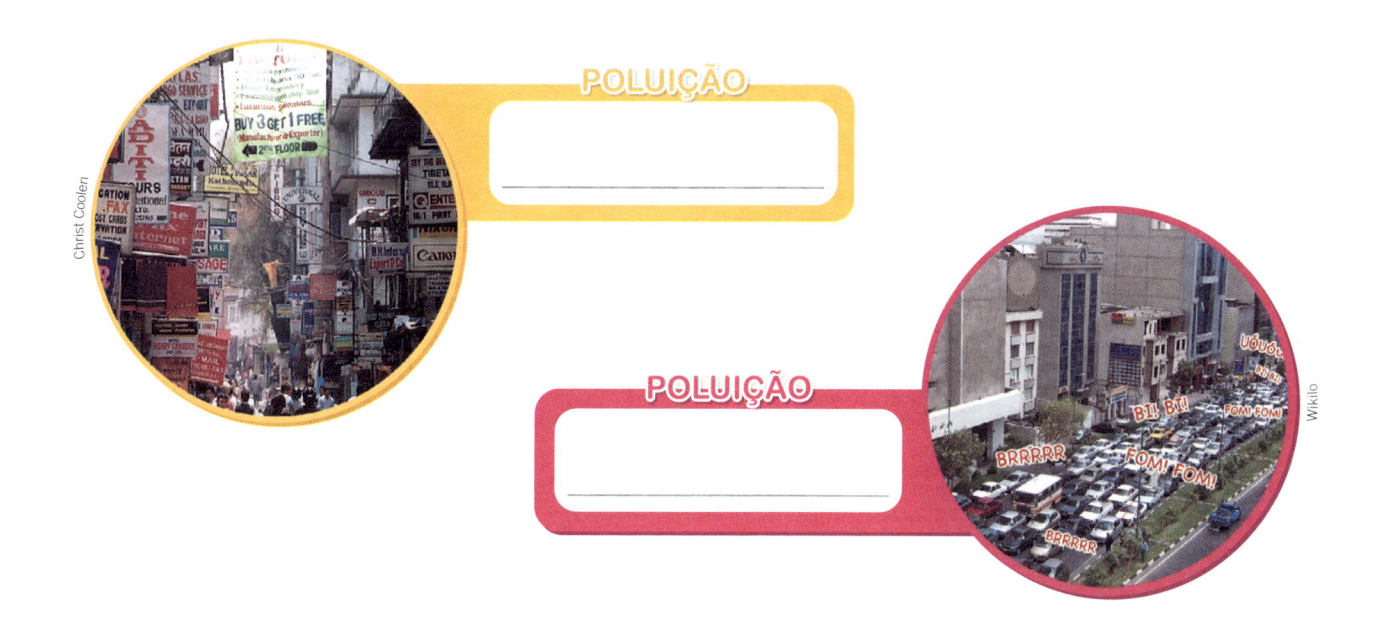

39. Em geral, as cidades grandes apresentam algum tipo de poluição? Para descobrir se a cidade onde você mora apresenta poluição, assinale com um **X** a tabela a seguir.

Sua cidade apresenta	Sim	Não
Grande circulação de veículos (carros, ônibus, motocicleta)		
Indústrias		
Queimadas (em terrenos ou em plantações em seu entorno)		
Ruas em que há muitas faixas, painéis e *outdoors*		
Ruas com muito barulho (por exemplo, de buzinas, carros de som, sirene, motores de veículos e grandes obras)		
Lixão		

40. Leia o texto.

Nada pode ser mais sujo
do que o pensamento de certas cabeças
que vivem poluindo o mundo,
usando o poder totalmente às avessas!
Em vez de juntar melodias,
criando a harmonia maior do planeta,
queimam a inteligência, usando a ciência,
para o mundo acabar...

Nada pode ser mais sujo
do que o pensamento de certas cabeças
que vivem poluindo o mundo,
sem nem se importar com o que aconteça...
E o fim das florestas é o ar de fumaça,
e as águas escuras demais...
O homem que mata o homem
É o mesmo que mata outros animais.

Somos navegantes de um navio só.
A viagem pode ser melhor.
Se a gente acordar a tempo
de olhar ao redor e pra dentro...
pra saber que o dinheiro não compra
o que o sentimento guardou só pra dar!

A natureza chorando avisa que o mal que se faz sobre a Terra, assim como falou um índio, recai certamente sobre os filhos dela.

E é o tempo correndo apressado, gritando cuidado
e chamando vocês...
pra refazer a história, porque, senão,
ela "era uma vez"...

O grande navio, de Bia Bedran. Do CD *Fazer um bem*.

a) "Somos navegantes de um navio só." Que navio é esse?

b) No texto, é afirmado que o mal que é feito à Terra também é feito a seus filhos. Quem são os filhos da Terra?

c) Esse texto faz um importante convite a todos nós: "pra refazer a história, porque, senão, 'era uma vez'...". Que história deve ser refeita?

d) O que quer dizer "senão, 'era uma vez'"?

PESSOAL, CUIDAR DO MUNDO É MAIS DO QUE TIRAR PÓ DO GLOBO TERRESTRE...

47

41. Vamos fazer uma cruzadinha e relembrar o conteúdo estudado.

1. Paisagem natural.
2. Restos domésticos e industriais.
3. Características da chuva que passa por gases poluentes.
4. Consequências da poluição sobre a nossa saúde.
5. Ato ou efeito de poluir.
6. Planeta que sofre com a poluição.
7. Alternativa para diminuir o lixo.

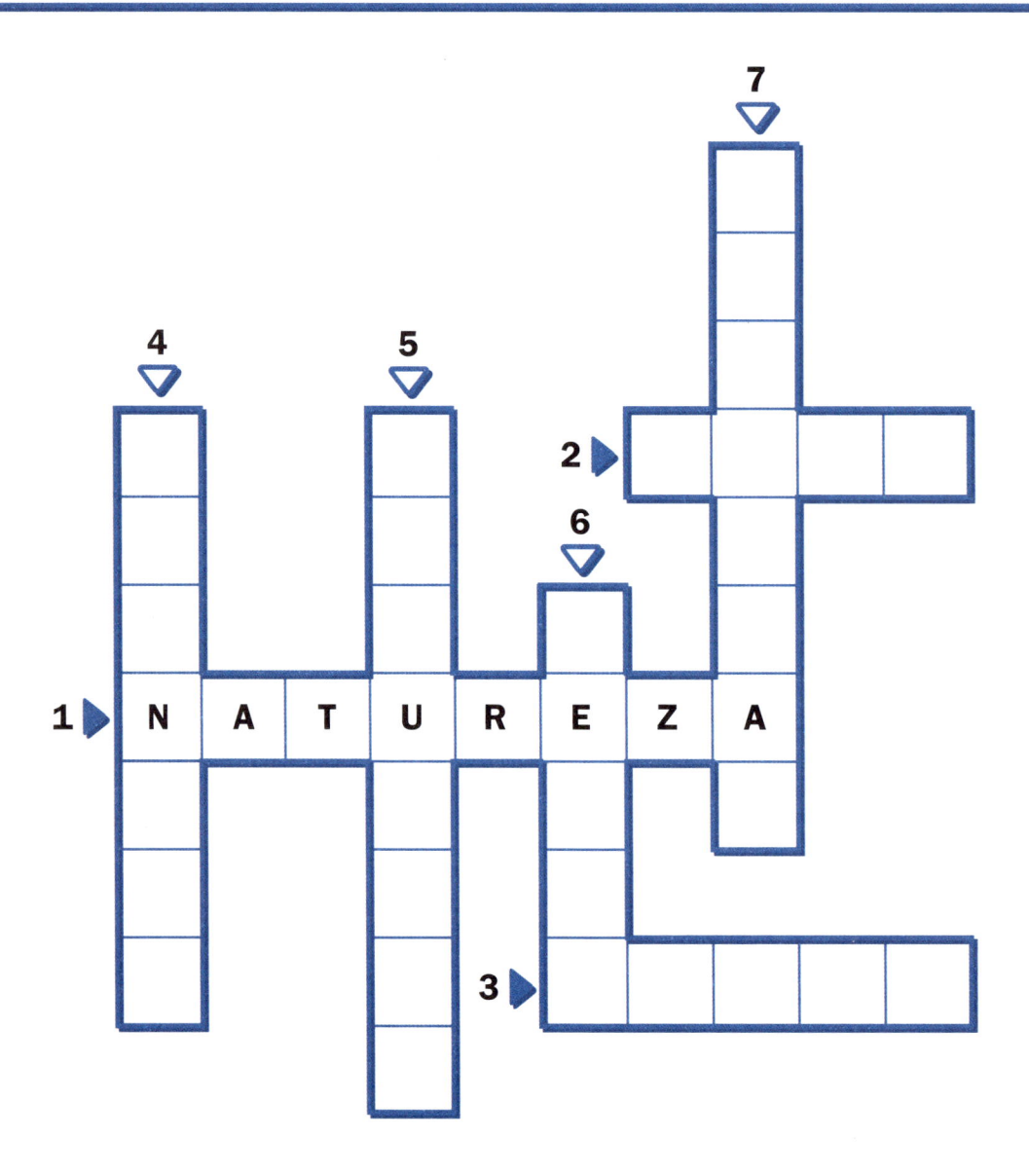

1. NATUREZA